令人着迷的中国旅行

千年磁器口

QIANNIAN CIQIKOU

重庆

乔 冰/著　智慧鸟/绘

吉林出版集团股份有限公司
全国百佳图书出版单位

图书在版编目（CIP）数据

千年磁器口：重庆 / 乔冰著；智慧鸟绘. -- 长春：吉林出版集团股份有限公司，2022.9（2024.3重印）
（令人着迷的中国旅行记）
ISBN 978-7-5731-2049-6

Ⅰ.①千… Ⅱ.①乔… ②智… Ⅲ.①重庆—地方史—少儿读物 Ⅳ.①K297.19-49

中国版本图书馆CIP数据核字(2022)第167498号

令人着迷的中国旅行记

QIANNIAN CIQIKOU CHONGQING

千年磁器口——重庆

著　者：乔　冰
绘　者：智慧鸟
出版策划：崔文辉
项目策划：范　迪
责任编辑：金佳音
出　版：吉林出版集团股份有限公司（www.jlpg.cn）
　　　　（长春市福祉大路5788号，邮政编码：130118）
发　行：吉林出版集团译文图书经营有限公司
　　　　（http://shop34896900.taobao.com）
电　话：总编办 0431-81629909　　营销部 0431-81629880 / 81629881
印　刷：唐山玺鸣印务有限公司
开　本：720mm×1000mm　1/16
印　张：8
字　数：100千字
版　次：2022年9月第1版
印　次：2024年3月第2次印刷
书　号：ISBN 978-7-5731-2049-6
定　价：29.80元

中国传统文化丰富多彩，民俗民风异彩纷呈，它不仅是历史上各种思想文化、观念形态相互碰撞、融会贯通并经过岁月的洗礼遗留下来的文化瑰宝，而且是中华民族几千年文明的结晶。而作为世界非物质文化遗产重要组成部分的中国非物质文化遗产，在历史、文学、艺术、科学等领域具有非同寻常的价值，正越来越受到世界各国政府、学术界及相关民间组织的高度重视。

本系列丛书为弘扬中国辉煌灿烂的传统文化，传承华夏民族的优良传统，从国学经典、书法绘画、民间工艺、民间乐舞、中国戏曲、建筑雕刻、礼节礼仪、民间习俗等多方面入手，全貌展示其神韵与魅力。丛书在参考了大量权威性著作的基础上，择其精要，取其所长，以少儿易于接受的内容独特活泼、情节曲折跌宕、漫画幽默诙谐的编剧形式，主人公通过非同寻常的中国寻宝之旅的故事，轻松带领孩子们打开中国传统文化的大门，领略中华文化丰富而深刻的精神内涵。

人物介绍

茜茜

11岁的中国女孩儿，聪明可爱，勤奋好学，家长眼中的乖乖女，在班里担任班长和学习委员。

布卡

11岁的中国男孩儿，茜茜的同学，性格叛逆，渴望独立自主，总是有无数新奇的想法。

瑞瑞

11岁的中国男孩儿，布卡的同学兼好友，酷爱美食，具备一定的反抗精神，对朋友比较讲义气。

欧蕊

11岁的欧洲女孩儿，乐观坚强，聪明热情，遇事冷静沉着，善于观察，酷爱旅游和音乐，弹得一手好钢琴。

塞西

9岁的欧洲男孩儿，活泼的淘气包，脑子里总是有层出不穷的点子，酷爱网络和游戏，做梦都想变成神探。

机器猫贲尔曼

聪慧机智，知识渊博，威严自负，话痨，超级爱臭美；喜欢多管闲事，常常做出让人哭笑不得的闹剧。

华纳博士

43岁的欧洲天才科学家，热爱美食，幽默诙谐，精通电脑，性格古怪。

目 录

目录

第一章

Chapter 1

千年磁器口

扫码获取

☑ 角色头像
☑ 阅读延伸
☑ 趣味视频

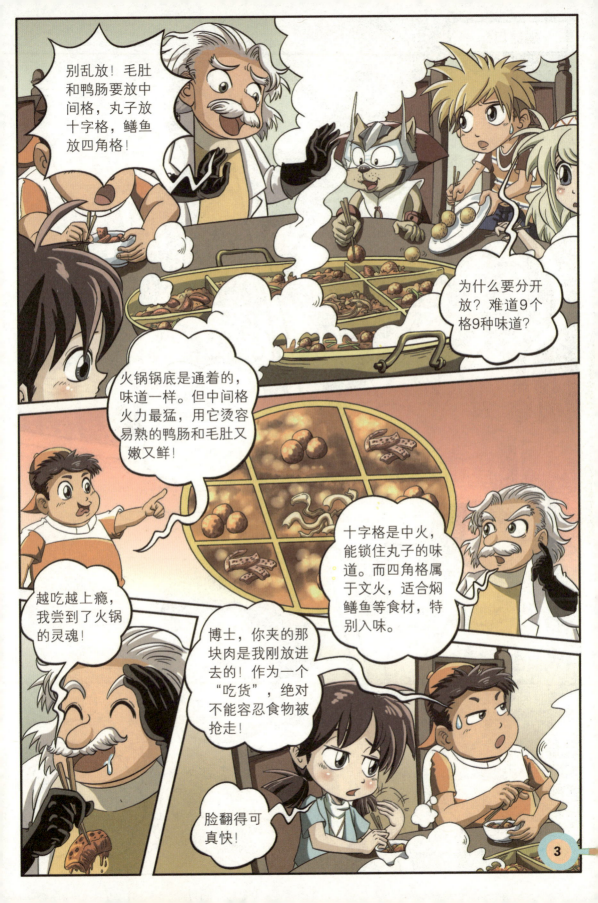

别乱放！毛肚和鸭肠要放中间格，丸子放十字格，鳝鱼放四角格！

为什么要分开放？难道9个格9种味道？

火锅锅底是通着的，味道一样。但中间格火力最猛，用它烫容易熟的鸭肠和毛肚又嫩又鲜！

十字格是中火，能锁住丸子的味道。而四角格属于文火，适合焖鳝鱼等食材，特别入味。

越吃越上瘾，我尝到了火锅的灵魂！

博士，你夹的那块肉是我刚放进去的！作为一个"吃货"，绝对不能容忍食物被抢走！

脸翻得可真快！

3

磁器口

试过火锅、酸辣粉、重庆小面，水晶石却一点儿反应也没有，但愿这里会有惊喜。

看着这些青石板路和古建筑，真像穿越到了古代。

这里被誉为"小重庆"，有很多老字号，我喜欢的毛血旺就起源于这里。

这磁器口始建于宋代，是嘉陵江上重要的水陆码头。

这是什么食物的味道？香得太过分了！

他一个人竟然能发出这么多种声音?!

好可怕!千军万马朝我扑过来了……

这些都是雷棚艺人的拿手好戏。

"气死小辣椒,不让独头蒜!"这种形容性格的说法太有趣了!

船工与重庆火锅

清代，重庆嘉陵江畔朝天门的码头上，船工、纤夫们辛苦劳作一天后，又累又冷又饿。他们聚在一起生炉灶、架铁盆，在盆里放入辣椒、花椒、姜、蒜等辛辣之物，煮成又麻又辣又咸的卤汁，然后将洗净的牛肚片放进去煮，再将牛肝、毛肚等切成小块，在翻滚的锅里一边儿烫一边儿吃。

热腾腾辣乎乎的一大锅下肚后，不仅肚子饱了，身子暖和了，而且驱散了江水的寒气和一天的疲劳，所以这种食物深得船工和纤夫们的喜爱。

这种独特的美食发展、演变到现在，就成了重庆独特的火锅文化。

逃跑的皇帝

被誉为"小重庆"的磁器口最初叫"白岩场"，因为这里曾有一座白岩寺而得名。千年古刹白岩寺规模庞大，最神奇的是大雄宝殿没有使用一颗铁钉。

据说明朝建文四年，明惠帝的四叔朱棣篡位，落魄的明惠帝从地道逃出皇宫，流落到了重庆，在这里躲了四五年。后来，百姓们把真龙天子藏身的寺庙称为龙隐寺，白岩场也跟着成了龙隐镇。

清朝时重庆朝天门附近设立了海关，紧挨着嘉陵江的龙隐镇因为水运发达，逐渐繁华起来。

1918年，本地商绅建了"蜀瓷厂"，盛产瓷器的龙隐镇声名远播，镇上有70多家瓷器厂，外地前来装运瓷器的船只密密麻麻挤满码头。

于是商人们把龙隐镇改名为瓷器口，"瓷"与"磁"同音，渐渐演化为磁器口。

毛血旺的由来

毛血旺用鲜美的味道征服了无数食客，但少有人知道它起源于重庆磁器口。

民国初期，磁器口古镇的水码头有一王姓屠夫，每天卖肉都剩下一堆无人问津的杂碎。媳妇张氏觉得可惜，于是当街架起大锅，把猪骨放在里面，加入老姜、花椒等作料小火煨制，然后加入猪肺叶、肥肠等猪杂。没想到这一锅杂碎汤异香扑鼻，惹得人们纷纷前来购买。

一天，张氏在杂碎汤里放入卖不掉的生猪血，惊喜地发现猪血越煮越嫩，而且杂碎汤的味道也更加鲜美。

由于这道菜是将生血现烫现吃，而且食材杂乱——有猪肺叶、肥肠等，做法也没有规定的章法，所以就借用重庆方言里代表粗犷、马虎的"毛"字，取名"毛血旺"。

四川评书

历史悠久、具有浓郁四川地方语言特色的四川评书，分为"清棚"和"雷棚"（又叫擂棚）两种。

清棚以讲述烟粉、传奇之类的风情故事为主，也就是人们所说的重在"文讲"，讲究以情动人，说书人口齿利落、绘声绘色。

雷棚以讲历史故事和金戈铁马之类的节目为主，重在"武讲"，金鼓号炮、马嘶虎啸，两军对垒，以及武侠打斗，都能通过艺人之口栩栩如生地表达出来，听众如身临其境。

醒木、折扇、茶碗、汗巾是评书的随身四大件。讲前艺人拍醒木提醒听众，烘托气氛。其中折扇并不是用来扇风的，而是用作模拟物体的。

第二章

Chapter 2

走马镇

在磁器口没收获，干脆就坐索道跨过长江，到对岸去碰碰运气。

从这空中的"公共汽车"上，可以看到整个市中心！

坐索道看山城的夜色更美。

叶雕？！利用树叶自然的样子，创造出的神奇艺术！

树叶上好像有图案……啊？竟然是一条龙？！

这些应该就是当年走马人的马留下的蹄印，还有马车车轮的辙痕。

走马人到底是做什么的呀？

走马镇

走马场

对头。快跟上，马上要见到故事大王了！

走马场？是走马镇的另一个名字吗？

就是牵着马，往各个地方运送或者贩卖货物，以此赚钱养家的人。

这些都是走马的老照片。

地面上怎么刻着地图啊？

是走马人的驿道路线图。

咦？竟然是一个小孩儿在讲故事？

从前有个县太爷，差人上街去买两只鸡、一只兔。他怕手下记性不好，就写了张纸条。手下果然忘掉县太爷的嘱咐了，不识字的他就向学馆的先生求助。先生打开纸条：两只鸡，兔一只。手下一听，"两只鸡，兔一只"，那就是一只，于是只买了一只鸡回去。县太爷大怒，下令不让"别字先生"再当教书匠了。

小屁孩都讲得这么好？！看来你得趴下给人家当马骑了。

你不说话，没人把你当哑巴！

每一幅都独一无二的叶雕

叶雕俗称剪叶，是一门很古老的艺术，早在周代就已经出现了。

拾捡刚落下的树叶，根据叶片自然的形态、纵横的叶脉，甚至巧妙利用它自然的残缺，来进行精雕细琢，创造出独一无二的精美图案。雕刻下刀时，要避免伤及叶脉，才能让作品成型后看起来更自然。

挑选好落叶后，要经过揉制、修剪、锤压、浸泡、雕刻、研磨、熨烫、漂白等几十道工序，运用绘画、微刻、剪纸、书法、篆刻等工艺，花费三到四个月的时间才能完成。制作好的叶雕作品薄如蝉翼，色泽自然，叶子黄而不脆，弯曲时也不会折断。

世界上没有完全相同的两片叶子，所以每一幅叶雕都是独一无二的。

走马人与走马镇

"走马"是我国特有的一种交通运输方式，走马人牵着马，往来于各个地方，运输或贩卖货物，并以此为生。

这一路山高水远，孤独和风餐露宿的辛苦不说，还随时可能面对野兽出没，以及遭遇强盗抢劫。

走马镇位于重庆九龙坡区，西接璧山，南临江津，有"一脚踏三县"之称。一大早从重庆城出发，黄昏到达走马镇时已经人困马乏，而下一个歇脚点要再翻过一座大山才能到。天已经擦黑，入山不安全，因此走马镇就成了走马人最好的歇脚地。

只身在外的走马人在走马镇投宿后，与其他走马人一起摆龙门阵（重庆方言，就是聊天），相互讲述自己走南闯北听来的稀奇古怪的异地见闻。

久而久之，就逐渐形成了广为流传的民间故事，人们将其称作"走马故事"。

五虎上将赵云与走马岗

除了走马场，走马镇还有一个别称——走马岗。这个名字的由来，与三国时赫赫有名的将军赵云有密切关系。

三国时期，蜀国五虎上将赵云（字子龙）镇守江州——现在的重庆，把府邸修建在走马镇的高家石坝。高家石坝地形巍然高大，赵云的家兵每日都在石坝上骑射操练，气势磅礴。

一天，蜀国的军师诸葛亮到江州视察，他站在赵云的府邸前向四面望去，发现周围的山形犹如奔腾的巨马，威武壮观。

加上赵云及其将士每日都在山岗石坝上跑马射箭，因而此地就被称作"走马岗"。

中国的民间故事家

　　走马镇民间故事内容十分丰富，而且类型多样：神话仙话、风物传说、动植物传说、民俗传说和生活故事……

　　走马镇及附近的村子，几乎人人都会讲一箩筐的故事。比如工农村就被命名为"中国民间故事村"，在这里已采录故事九千余个，另有民间歌谣三千余首，谚语四千余条。

　　这些优秀的民间故事家中，魏显德老先生被联合国教科文组织和中国民间文艺家协会联合授予"中国民间故事家"的称号。

第三章

Chapter 3

中国草

扫码获取
☑ 角色头像
☑ 阅读延伸
☑ 趣味视频

两侧的街道上，到处都是一些低头专心做活儿的女孩儿、妇女和老人。

姐姐，你们这是在做什么呀？

绩纱挽麻团。麻团晒干后，撕开，放入清水中，然后把一根一根苎麻细丝连起来。

把这么细的丝都连起来？

干这活儿特别费时，得特别有耐心。

这夏布到底是怎么织造出来的呢？我越来越好奇了。

难怪你非要大老远跑到荣昌来，原来是为了这个呀！

不全是。万一我们在荣昌能碰到唤醒水晶石的味道呢？

跟我来吧，我带你们去我家的夏布坊看看。

宽敞而整洁的院子里，晾晒着一些已经上好色的夏布。

这道工序是穿扣刷浆——将麻线逐个穿过梭子，然后刷上一层米浆。

不就是把麻线穿过去吗，瞧我的！

我来刷米浆！我是一个粉刷匠，粉刷本领强……

我们比赛，看谁穿得又快又准！

太难听了！别人唱歌要钱，你唱歌简直要命！

29

看着简单，做起来好麻烦，我的眼睛都穿花了！

累死我了……今天早晨吃的5个大馅饼全消化完了！

穿扣可是关键工序——穿的扣越多，织出来的夏布越细。而"浆纱"是体力活儿，得来来回回不停地走。

小孩子做事情要有毅力，不能轻言放弃！

机器猫，你有毅力？那你倒是来试试呀！

我还有更要紧的事要办呢——挑选夏布做衣服！

古人的避暑宝物

在古代，人们衣着保守，即使是到了夏天，他们也遮头捂脚，浑身上下包裹得严严实实。

天气炎热，又里三层外三层穿这么多，而且没有风扇、空调，古人是怎么过夏的呢？还不得热出一身痱子来？

别担心，他们虽然穿得严实，却并不感觉燥热，因为古人们有避暑宝物——夏布。

夏布生产可追踪溯源到东晋后期，唐时被列为贡品。以江西万载和四川荣昌生产的夏布为主要代表。

制作夏布的原料苎麻，是多年生宿根性草本植物。早在春秋战国时期，古人们就已经开始从事苎麻耕种，并以它为原料进行手工织布，所以苎麻后来被称为"中国草"。而苎麻纤维因为不易被腐蚀、不招虫，被称为"千年不烂软黄金"。

用作贡品的荣昌夏布

荣昌地处重庆市西部，夏布织造主要分布在该县的盘龙镇。荣昌夏布历史久远，起源于汉代，有着一千多年的历史。汉代称其为"蜀布"；唐宋时期称其为"斑布""筒布"。它细密平整，被形容为"轻如蝉翼，薄如宣纸，平如水镜，细如罗绢"。穿后易洗易干，美观大方，凉爽吸汗。

清光绪年间的《荣昌县志》记载，当时荣昌遍地种麻，家家户户织夏布。来自各地的客商络绎不绝，荣昌夏布甚至远销朝鲜、日本和南洋等地，名扬海内外。

两年才得一匹布的绝顶高手

把苎麻织成布，是一个无比复杂而又辛劳的过程。先不用说别的，就光是把苎麻制作成织布用的细如发丝的苎麻纱线，就需要足够的耐心。

由苎麻到夏布，荣昌夏布整个生产工艺过程主要分为苎麻种植、原料制作和夏布制作三个部分，要经过打麻漂白、绩纱挽麻团、牵线、穿扣刷浆、织布、漂洗整形、印染等几十道工序。

而一匹夏布的精细程度，主要取决于穿扣时的扣数，从200到1200扣不等，扣数越多布匹越精细。古代甚至有用两年才能做成一匹布（够做两件衣衫）的绝顶高手，这样精细的夏布千金难求。

娘子布

　　荣昌夏布的每一道工序，都非常费时费力。比如原料制作时，因为苎麻非常粗糙，所以剥麻的分离过程要十分小心，一不留意，就会割破手指。

　　而编织工序，是夏布生产工艺流程中最重要的一环，丢梭推扣力量要均衡，布的平面边沿要织得平顺，稍有不慎，就会影响布的质量。

　　编织夏布时，对温度和湿度也有苛刻的要求：温度过冷、过热都不合适，纱线容易折裂，出现断头，而湿度过低时麻线会收缩绞合。

　　因为在荣昌从事夏布编织的多为更有耐心的女性，所以荣昌夏布也被称为"娘子布"。

第四章
Chapter 4

哭泣的新娘

第二天。众人在土家族女孩儿卡普普带领下，来到一个码头上。

夏布果然名不虚传！从荣昌到这酉阳土家族苗族自治县路途遥远，却一点儿也不觉得热！

卡普，你要是再笑我，可别怪我翻脸！谁规定机器猫不能穿裙子的？

不是卡普，是卡普普，花开的意思。

姐姐，你家要坐船才能到吗？

河湾古寨位于半岛上，要进寨必须从码头坐船，走两里水路就到了。

这里好美呀！

混沌年间六月六，六月皇天下大雪。

我们这个寨子已经600多年了，依山势呈阶梯状而建，三面环山。

旋律优美，歌词神秘……卡普普，这就是你之前哼唱的酉阳古歌吧？

是的。我们酉阳古歌，传播着宇宙知识和生存技能。

这么神奇？那说不定藏有关于"神秘味道"的线索。咦？你们房子的飞檐好漂亮呀！

有些房间三个边悬空，只靠一些木柱撑着。

能结实吗？会不会倒呀？

我仔细看了半天，没发现一根钉子！

我们土家族世世代代都住这种吊脚楼，坚固得很呢！跟我上二楼吧，一楼是给动物们住的。

我没看错吧？那些黑乎乎的竟然是猪？

人怎么能和猪住在一起呢？

和猪做邻居，竟然一点儿怪味也没有。

这没有钉子的吊脚楼结实着呢！

吊脚楼高悬地面，不仅通风防潮，还能防毒蛇、野兽。楼板下可以用来堆放杂物，或者饲养家禽家畜。

防潮？那住在吊脚楼里就不会像我爷爷那样得关节炎了！

姐姐，你家建在半山坡上，前面就是河，风景真漂亮！

屋子的很多地方，都雕刻得很精美。

我们盖吊脚楼，不仅很讲究位置，对于建筑材料也要求很高，光是木料，就要锯成木板之后露天阴干一两年，等到不再变形的时候才能用。

我怎么好像听到一阵哭声？

41

43

起—

好有气势啊！

上一步，望宝梁，一轮太极在中央，一元行始呈瑞祥。

那个比比划划的人在唱什么呀？

他可是精通吊脚楼营造技艺的掌墨师，正在唱上梁歌。接下来掌墨师会登上房梁，进行抛梁仪式——往下撒好吃的……还有红包。

红包？！

土家族，我好爱你！

吃货！财迷！

哭嫁

结婚原本是一件高兴的事情，土家族却保留着一个奇特的习俗——哭嫁。

在婚礼当天或者婚礼前几天，甚至有些从婚礼前三个月开始，新娘就开始哭泣，以此来表达自己不舍的心情和对娘家亲人的眷恋。

土家族哭嫁歌演唱，由哭开声、哭爹娘、哭哥嫂、哭姐妹、哭亲属五个部分组成。哭嫁歌多运用比兴、比拟、排比、反复等修辞手法，歌词通俗洗练，直白易懂。

新娘并不是自己一个人哭，她会在闺房里摆张方桌，邀请要好的9个未婚姑娘，连新娘共10人围坐，一起哭起嫁歌来，不分昼夜。越临近婚期哭得越伤心，甚至一整夜一整夜地哭，哭得声音嘶哑也不停止。而出嫁前一天，被当地称为"戴花日"的晚上，则是哭嫁的高潮。

传统建筑的活化石

土家族吊脚楼多为木质结构，一般在山坡上依山而建，具有鲜明的个性：正屋建在实地上，厢房除一边靠在实地和正房相连外，其余三边都悬空着，只靠柱子支撑。

吊脚楼分上中下三层，上层为粮食储藏层，主要用于晾置作物；中层为生活起居层；下层是猪牛栏圈，或用来堆放杂物。这种结构不仅造价低，节约土地，而且高悬地面，既通风干燥，又能防毒蛇、野兽。

吊脚楼集建筑、绘画、雕刻于一身，被称为巴楚文化的"活化石"。

最难得的是，规模宏大的吊脚楼不用一钉一铆，只在柱子上凿穿孔眼以卯榫衔接，结构精巧，牢固严谨，就算历经百年风雨，照样不倒。

不用图纸的掌墨师

对土家人来说，建造吊脚楼可是一件大事，有很多讲究。最为重要的一步也是最初的一步，就是选址，当地人称整屋场，凡宅须是左有流水，右有长道，前有污池，后用丘陵。

第二步就是伐青山。人们上山砍伐杉树、椿树等适用木材，拖回屋场，用斧头去掉树皮，锯分成木板，然后露天阴干，直到不再变形才能用。这个过程需要一到两年。

万事俱备后，主人家请来木匠，在掌墨师的带领下正式开工。掌墨师是吊脚楼修建全程中的"总工程师"，负责从房屋选址、地基开挖，到掌墨放线、房屋起架、上梁封顶等一系列工作。

虽然没有图纸，但掌墨师对各个部件的样式、尺寸以及整栋房屋的结构了然于胸，不会出丝毫差错。

立房子

　　吊脚楼主体结构的各个部件制作完成后，就开始组装成"排扇"，然后择日把组装好的骨架立起来，称为"立房子"。

　　立房子是主人家的一件大事，也是一件喜事，十里八乡的亲朋好友都前来帮忙和祝贺。女主人的娘家尤为重视，他们抬匾挑米，吹吹打打上门。

　　掌墨师发号施令，在震天响的鞭炮声和唢呐声里，人们一起用力，让一扇扇骨架依次站立起来。

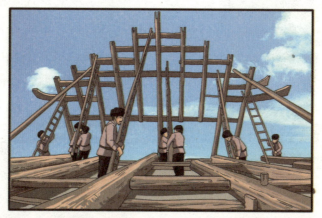

　　接下来就是上梁。等这一步结束后，最为精彩的一环——抛梁，就要开始了。

　　主人把事先准备好的糍粑、米粑送上房顶，然后掌墨师顺梯子登上房梁，每上一步楼梯就要说一句吉祥话：上一步人丁兴旺，上两步双凤朝阳……上十步地久天长。

　　登上房梁的掌墨师，接着开始抛梁，把糍粑、米粑和红包抛向四方，男女老少一起哄抢讨吉利，喜庆氛围达到了高潮。

第五章

摆手舞

扫码获取

☑ 角色头像
☑ 阅读延伸
☑ 趣味视频

用绿油油的桐叶包住金色的苞谷粑粑，真好看。

新鲜玉米的味道混合着桐叶的清香，味道更是没得说！

教授你不总是夸自己酒量大吗？怎么才喝了一点儿就晃成这样了？

这土家族的美酒"苞谷烧"加了野蜂蜜，口味淡而甜，后劲却这么大！

这苞谷烧可是土司最喜欢的。土司知道不？就是少数民族的首领。

咦？布卡和塞西两个淘气包去哪里了？

快去看呀，寨子里有好人在跳"顺拐舞"！

真的是同一边的手和脚一起摆哎！

难怪布卡叫它顺拐舞。

哇，这个舞蹈太特别了，我好喜欢！

你的品味真够特别的。

我听说过土家族的摆手舞，甩同边手、走同边脚是它最大的特色。

咦？他们的动作像不像在种地？

他们跳的是摆手舞里的农事舞，主要表现我们土家人农业劳作的场景，所以你们会看到"播种""织布""插秧"等各种舞蹈动作。

摆手舞的"狩猎舞"主现表现狩猎活动，摹拟禽兽活动的姿态。你们现在看到的，就是狩猎舞里的磨鹰闪翅。

这酉阳古歌的内容，越听越有味道，包含着很多哲理。

酉阳古歌有吟诵和吟唱两种方式，这是吟唱方式。

我有个问题——他们嘴里一会儿念一会儿唱的，到底是在唱歌还是在念诗啊？

这酉阳古歌的内容，越听越有味道，包含着很多民俗文化。

近水楼台先得月，向阳花木早逢春……

而且很好听呢。卡普普姐姐，我也想学酉阳古歌！

这容易，我带你们去找乌那米爷爷，他会的酉阳古歌可多啦！

这么多酉阳古歌啊。这首是英雄传说，那首是关于人类起源的。

这些书的纸张都泛黄了，还有几本破了。

这本画满奇奇怪怪的图案，像天书。

这里面没有乐谱，怎么学曲调啊？

师父教唱，慢慢地就记熟学会了。

一座小山狭窄的洞口前，站着的众人凝视着山洞。

离开酉阳之前，怎么可以错过桃花源？

说不定在这里会找到我们要的味道。

真像陶渊明在《桃花源记》里写的，山有小口，仿佛若有光。

复行数十步，豁然开朗。

洞口外，辽阔而美丽的景色。

这里的景色美得不像真的……一点儿也不疼，原来我在做梦。

哎哟！你掐的是我的胳膊！

摆手舞——"东方迪斯科"

摆手舞是土家族的民间舞蹈，以手的摆动为主要特征，它与别的舞蹈不同的特点就是"同边摆手"，同边手脚同时出动。

土家族摆手舞分大摆手和小摆手两种，以大鼓、大锣等打击乐伴奏，集舞蹈艺术和体育健身于一体，被誉为"东方迪斯科"，内容丰富多彩，如表现狩猎活动的狩猎舞动作"赶猴子""拖野鸡尾巴""跳蛤蟆"；表现土家人农事活动的农事舞动作"纺棉花""种包谷""插秧"；体现土家族人日常生活的生活舞动作"水牛打架""比脚""擦背"等。

南方古文化的"活化石"

风格神秘的酉阳古歌，其源头可以追溯到上古时代，距今大约有6000多年的历史。

酉阳古歌流传于酉阳土家族苗族自治县，是劳动人民长期积累的自然知识和社会知识总汇，被誉为"南方古文化在武陵山区延续和衍变的活化石"。酉阳古歌涉及天上地下、人间万物、历史事件，等等，渊源久远，精深博大，是一个古老而瑰丽的民间文学宝库。

暗藏玄机的古歌

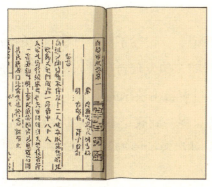

　　酉阳古歌数量丰富，里面包含的内涵很是深厚，既有深奥的人类起源、民族迁徙、英雄传说等，又有充满生活气息、滑稽通俗的生存技能，说它暗藏玄机也不为过，是一种奇特的文化现象。

　　目前，文化部门已经挖掘到酉阳古歌相关资料大约10余万字，分为神灵类和生活类两部分。酉阳古歌文辞固定，较少即兴创作，保存了大量的原始信息和艺术元素。代表作有赞美诗《东岳齐天是齐王》；风俗诗《藏身躲影》《鸣锣会兵》；诀术诗《一年四季》等。

　　酉阳古歌虽然念、诵、吟、唱的形式和内容各不相同，但都对世界寄予美好的愿望。

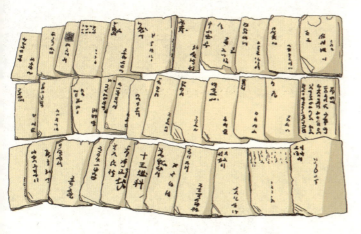

酉阳桃花源

　　酉阳位于武陵山腹地，因为森林覆盖率高，是有"火炉"之称的重庆境内名副其实的"凉都"。

　　东晋大诗人陶渊明笔下的《桃花源记》，记述了一个打鱼为生的渔夫，偶然穿过一个神秘的洞口，眼前豁然开朗，他发现自己进入一个与世隔绝的桃花源的奇遇记。那里景色优美，人们过着自由快乐的生活。

　　陶渊明笔下那个世外桃源到底在哪里呢？到底是不是真实存在的呢？

　　酉阳的桃花源，就是诗人所写的世外桃源的原型。它四面环山，且山势险峻，与世隔绝，景色更是美得如梦如幻。

第六章

火龙

扫码获取
☑ 角色头像
☑ 阅读延伸
☑ 趣味视频

桃花源洞口

我租的车到了。赶紧上车，跟我去铜梁。

去铜梁干什么呀？

彼得在日记里记载过铜梁火龙，说不定那里有我们要寻找的味道。

商务车疾驰而去

之前的一簇铁火花还没熄灭坠落，下一朵铁火花已经绽放，和龙口、龙身的烟火一起汇成火花的海洋。舞龙队员毫无惧色，在铁火花中腾跃穿梭，与喷火的龙身融为一体。

人在火中舞，龙在火中飞，太刺激了！

这些人太厉害了！铁水的温度可得有1000多摄氏度！

1000多摄氏度？！舞龙队的队员不怕烫吗？

他们是不是会功夫啊？不怕火的那种神功？

等他们舞完了我要上去问问。要是我也能学会不怕火的神功……嘿嘿！

哪有不怕火的神功啊？看，这些都是烫的。

第一次舞火龙的时候我18岁，铁水一泼过来，漫天红彤彤的，我被吓得四处乱窜。

啊？那龙舞怎么办？

我当时也是负责舞龙珠，我一跑身后的龙也跟着到处乱窜。

可你现在却带领火龙专门扑向铁火花最多的方向。

在挨过无数次烫后，我摸索到了一些躲避铁火花的"妙方"。

这一手太酷了，惹得围观的人连连叫好！

太威风了，我看得都不想眨眼睛！

我数了一下，这条大龙有24段龙身。

这是大蠕龙，24段龙身代表一年的24个节气，寓意一年四季风调雨顺，人寿年丰。

她们是在扮演什么？

铜梁龙舞包括龙灯舞和彩灯舞两大系列。你们现在看到的，是彩灯舞里的蚌壳精和犀牛望月。

哇

欧蕊，你觉得她们像不像神话里的仙女？咦？欧蕊呢？

欧蕊不会不打招呼就走开的，她一定是遇到了麻烦。

我想起来了，刚才看龙舞的时候，有个家伙好像一直跟着我们。

我也看到那个人了，他的脸有些眼熟——我想起来了，是霍曼！

真的是他？！是霍曼抓走了欧蕊？

那个坏蛋一定是因为水晶项链，一直偷偷跟着我们。

现在怎么办？人这么多，到哪里去找姐姐啊？

舞龙求雨

龙在中国古代曾是一种图腾，在远古社会被赋予了多重意义。因为人们对龙图腾的崇拜，所以衍生出了龙舞这种和"龙文化"有关的民间活动。

龙舞也称"舞龙"，民间又叫"耍龙""耍龙灯""舞龙灯"，是国人在吉庆和祝福时节最常见的娱乐方式。龙舞形式品种多样，是我国其他任何一种民间舞蹈都无法比拟的。

龙舞历史悠久，在商朝流传下来的甲骨文中，就有舞龙求雨的记载。汉朝的《春秋繁露》中，也有各种龙舞求雨的记载。

龙舞对表演者体能的要求非常高，舞龙队员要拿出百米冲刺的速度才能舞出气势。

火龙

　　铜梁龙舞是流传于重庆市铜梁县境内的一种舞蹈艺术形式，包括龙灯舞和彩灯舞两大系列。

　　龙灯舞有大蠕龙、火龙、荷花龙、稻草龙、笋壳龙、黄荆龙、板凳龙、正龙、小彩龙、竹梆龙等十个品种，其中大蠕龙最具特色。

　　铜梁火龙长40多米，其火花以生铁熔化后打出的铁水花为主，寓意烧除晦气，并辅以不同材质的导引火、亮相火、口中火、头上火、脊上火、腹中火、升天火等，舞龙队员赤膊上阵，在1000多摄氏度的铁火花中腾跃穿梭，与喷火的龙身融为一体，惊险刺激，极为壮观。

大蠕龙与荷花龙

大蠕龙又叫铜梁大龙，是铜梁龙舞的代表性品种。金黄色的龙身，龙角高跷，龙颜饱满，鳞甲夺目，颇具翻江倒海的气魄。

舞动时先"龙出洞"，一条龙缓缓抬头，左看右看，挺直上半身；"二吐开须"，龙抖一抖须，就像人出门之前要梳妆打扮；"三点头"，跟周围的人点一点头，告诉大家春天到了，万物复苏，都该起来干活儿了；"拜四方"，四处游走，就像人们走亲访友一样。

而荷花龙骨架可以翻转，龙身一面是娇艳欲滴的荷花，另一面绘成龙甲。起舞时，一群少女手执娇艳欲滴的荷花，一哄而起，朵朵荷花变成了一条活灵活现的彩龙，让人耳目一新。

彩灯舞

铜梁彩灯舞以舞蹈为主，包括鱼跃龙门、泥鳅吃汤圆、三条、十八学士、亮狮、开山虎、蚌壳精、犀牛望月、猪啃南瓜、高台龙狮舞、雁塔题名、南瓜棚等十二个品种。

彩灯舞艺术性很强，每种彩舞的创造都有一个精彩的故事。比如犀牛望月，传说犀牛原本是天上的牵牛星，因同情民间的农夫遭受旱灾，主动化身为水牛为他们拉水灌田，而遭到玉帝惩罚。织女星为了救牵牛星，向嫦娥借月光镜照射，使其重返天庭。

为纪念犀牛勤恳护民的功德，铜梁人创编出了"犀牛望月"彩灯舞。

第七章
chapter 7

开脸

扫码获取

- ☑ 角色头像
- ☑ 阅读延伸
- ☑ 趣味视频

跨过梁平的界碑后，到处都是竹子。

梁平被称为"百里竹海"，盛产竹子。对了，谢谢你们陪我去巫山找我哥哥。

你救了欧蕊，我们陪你走一趟，就算扯平了。

竹子可以造纸，这里的纸是不是很出名？

梁平倒是出产用竹子制作的二元纸，不过真正出名的，是用二元纸制作的木版年画。

木版年画？

哇~

有鱼有肉不是年，贴上年画才是年。在大年夜之前，家家户户都会贴上年画。

我喜欢门神的脸，既喜庆又威严。

这是门神吧？怎么个个都是脑袋大、腿短？

他全身只有三四个脑袋那么长，粗壮又结实。

我觉得这样画出来的眼睛更有神。

博士，你的审美真够特别的！他的两个黑眼珠离得那么近，都快成"对眼"了！

这种纸纹路粗糙，颜色是朴实的土黄色，印上年画有种独特的韵味。

这就是二元纸。

木版年画太酷了，我要多选几幅！

那幅《四郎探母》是我的，谁也不准跟我抢！

我有一个重大发现！木版画上的男人全都涂着腮红！

梁平木版画最特别的地方，就是不管男女老少，腮上都绘有椭圆的桃红，叫"开脸"。

男人涂脂抹粉？哼，比我还爱臭美！

对。梨木质地细密，不易开裂，是雕刻线版最合适的木料。

这是梨木吧？

难道印一种颜色就要换一次版？

一幅画有这么多种颜色，那就要换好多次了。

我怎么闻着这些颜料有种药香？

一色一版。每种颜色需要刻一个专门的色版。我现在印制的这幅要用十二个版才能完成。

印年画用的颜料是用中药熬出来的，百年都不会褪色。

贴上年画才是年

"有鱼有肉不是年，贴上年画才是年。"

年画以吉祥、喜庆、欢乐、美好等为主题，是中国民间迎新春、祈新年的一种民俗艺术品。在宋代它被称为"纸画"，明代人叫它"画帖"，到了清代道光年间，才被人们叫作"年画"。

贴年画是中国人世代相传的春节习俗，而梁平木版年画构图饱满简洁，人物夸张变形，色彩对比强烈，造型古朴粗犷，广受百姓欢迎。它以本地制作的二元纸为特定纸张，从手工造纸到年画成品都在一个地方生产完成，这在全国年画中极为罕见。

开脸

梁平木版年画的内容分为三大类：一是门神，主要有《将帅图》《加官晋爵》《五子登科》等；二是神话传说，如《老鼠嫁女》《麒麟送子》；三是戏曲故事，主要有《四郎探母》《踏伞》《钟馗嫁妹》。

一幅传统的梁平木版年画，需要经历雕版(刻板)、蒸纸、托胶、刷泥、套印、开脸等整整30道制作工序。

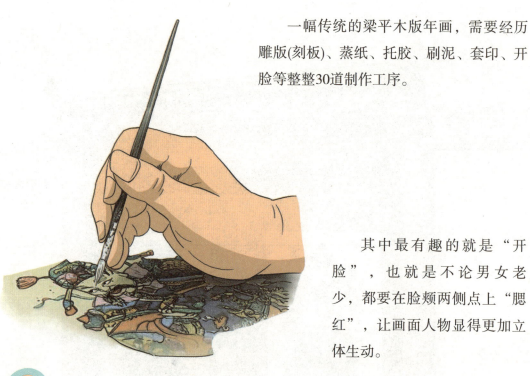

其中最有趣的就是"开脸"，也就是不论男女老少，都要在脸颊两侧点上"腮红"，让画面人物显得更加立体生动。

雕版（刻版）

制作梁平木版年画时，先由画师描绘出画稿，然后由刻版工匠把糯米饭捣碾成浆状物，将画稿粘贴在光滑的梨木板上，精雕细刻出主要的轮廓线，也就是雕刻线版。

刻版是整个年画制作过程的灵魂，每一刀都对年画的效果至关重要。刻版工匠常见的雕刻工具有圆口刀、平口刀、斜角刀、弯刀四大类别。

线版雕刻完毕后，根据线版确定对色版的雕刻，一色一版。不同年画类型有不同的色版数量，印刷的顺序由浅到深、由冷到热。少则5～6套色，多则12～13套色。

四郎探母

传统剧目《四郎探母》讲述的是，北宋年间，北宋军队与辽国军队激战于金沙滩。大将杨业的八个儿子，大郎、二郎、三郎不幸殉国，五郎、八郎失踪，而杨四郎则被俘，改名木易（杨字拆开），后来与辽国铁镜公主成婚。

15年后，对故土和亲人日思夜想的杨四郎听说杨六郎挂帅，守雁门关边境，母亲佘太君押粮草同往，再也无法压抑思亲之情。

铁镜公主理解丈夫的心情，冒死偷来令箭。四郎趁夜出关，在北宋军营被负责巡夜的六郎之子杨宗保当成奸细，绑到大帐中。见到眼前的"奸细"竟然是多年来音信全无的四哥，六郎亲自为他松绑。兄弟、母子终于重逢，抱头痛哭。

为了不连累公主，四郎连夜赶回辽国，没想到盗令出关的事情还是败露了。辽国萧太后大怒，要杀四郎，经公主苦苦求情下，四郎才被赦免。

第八章

Chapter 8

抬工号子

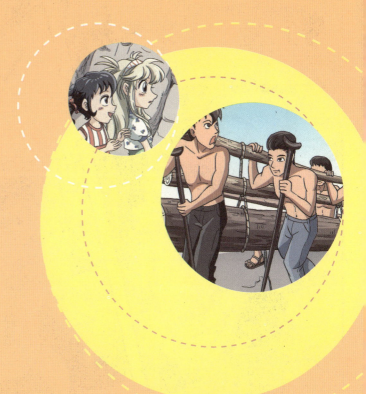

哦哟嗨嗨嗨……

哦哟嗨嗨嗨……

竟然真有人在这种地方抬东西？！

哟吔哟嗨嗨……

哦哟嗨嗨嗨……

89

山路险峻，前面又是急转弯，他们抬着那么长的木材，能过去吗？

他们为什么不把木材锯成几截呀？那样抬起来就容易多了！

这根巨木应该是用来做船桅杆的，不能截断。

在这么窄的山路上，抬着这么长的巨木拐弯，太危险了。

一不小心，就会连人带木材一起掉下去！

乌鸦嘴！

我就说我不会安慰人……

抬工号子

重庆到处都是崎岖不平的山路，弯道多、路面窄，交通十分不便。修桥铺路，建船搭屋，全靠人肩挑背驮，把石头、木材等重物搬运到目的地。

抬重物的人就叫抬工，一般是年轻力壮的男人。他们常常天微亮就出发，月亮挂上树梢时才回家。

这种合作运送重物的队伍，由小到大分为2杠、4杠、6杠、8杠、12杠、16杠等。在劳作中逐渐产生了各种吆喝声，帮助抬工们前后配合照应，并集中精力减轻劳动强度。

久而久之，就形成了富有地方特色，把强体力劳动与民间歌谣结合起来，协调步伐的抬工号子。

快腿号子和慢腿号子

距今已经有上千年历史的龙骨坡抬工号子，发源于重庆市巫山县庙宇镇，在三峡抬工中广为传唱。抬工们喊着号子，很有节奏地上坡、下坡，号子节奏也跟着不停变化，曲调在山谷间回荡，气势雄浑。

龙骨坡抬工号子按音乐节奏，分为"快腿号子"和"慢腿号子"两大类。路面既平又宽时，抬工们就唱内容丰富、风趣幽默的"快腿号子"，统一步伐、调节呼吸、振奋情绪，如《啄啄号子》《倒采茶》等；山路崎岖、上陡下滑时，抬工们会唱起机动灵活的"慢腿号子"，采用问答方式通报途中遇到的情况，如《哟嗬号子》等。

"尖子"和"把子"

　　龙骨坡抬工号子由"尖子"负责领唱，也就是第一杠的前杠。他是抬工队伍中的灵魂人物，技术好、威望高、辈分年龄较长，以领唱方式指挥队伍、控制行进速度，以及通报路况等。

　　把持最后一杠的后把叫"把子"，他相当于舵手，根据"尖子"的通报，用号子回应，相互配合，掌握行进方向，使队伍动作整齐划一。比如"尖子"领唱"前面一个拐"，"把子"回应"你拐我也拐"。

　　中间杠的叫作"窝子"，主要配合前后，应着号子的节奏吆喝增强气势。

窝子

把子

前杠

抬工们的法宝——杵子

抬工们抬重物时的工具有主杠、榴杠、榴杠绑在主杠上，起分力的作用。他们每人必备一双防滑的草鞋、一个水壶、一条汗巾，并根据自己身高配备一根形似拐杖的杵子，以便歇脚和换肩使用。

抬工们平均一人要担几百斤，山路陡的时候还不能让所抬重物中途落地，杵子就成了他们的法宝。有了这个法宝，抬工们等于多了一条腿，一个保持平衡的支点。需要停下来歇歇脚时，不必将货物放在地上，而是直接把杵子支到杠子下面，让酸痛的双肩得到缓解，人也可以喘口气。

第九章

Chapter 9

大木漆

好了，就在这儿歇会儿。

呜呜，我好感动。

你们刚才喊的号子，听得我热血沸腾！

赶了这么远的路，就为了看哥哥一眼，真是个傻丫头。

喂，你的鼻涕蹭到我袖子上了！

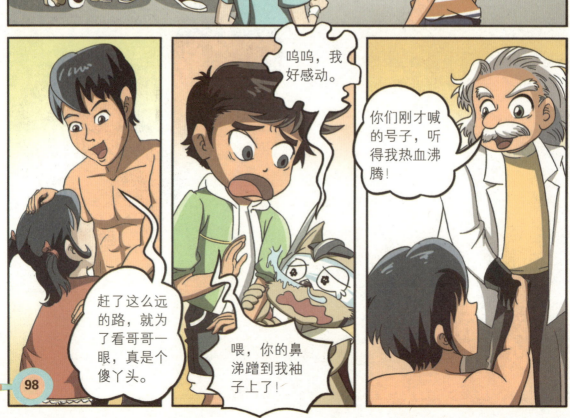

兄妹短暂的相聚之后，小柔得回家去了。大家一致决定送她回去。

你不是自称活地图，知道护送小柔回家的近路吗？

现在却告诉我们，你迷路了？！

啊呀，树上怎么有黏糊糊的东西？

要是发火有用的话，我早就暴跳如雷了！

咦？谁在树上割了这么多口子呀？

99

中年人的家，农家小院。

你们要去铜梁，怎么却来到我们酉阳钟多街道钟坨村来了？两个方向呢！

这金鱼看起来像在深潭里游动，像活的一样。

鱼鳞金光闪闪，活灵活现。

这是用髹饰技艺的研磨彩绘做出的效果。

用漆漆物，就是"髹"，而"饰"是指纹饰。

髹饰技艺？好拗口的叫法。

漆面看起来丰富斑驳，摸上去却光洁如镜。

用6种不同型号的砂纸细细打磨后，全部花纹都显现了出来，表层却像镜面一样光滑，是这种漆器的特色。

这件也跟镜子一样光滑。

好的漆器"平如镜清如油"，果然如此。惊艳！

还像清油一样透亮！

黄成？怎么听起来有点儿耳熟？我想起来了，写《髹饰录》的那个漆器制作名家。

《髹饰录》是中国古代唯一一部存世的有关漆器髹饰工艺的专著，价值连城。

你们过奖了。黄成做出的漆器才真称得上惊艳，我家祖上有幸收藏了一件。

中年人拿着一块涂了大漆的漆胎，朝一个地窖样的地方走去，众人一起跟着。走在最后的小柔回头，眼神迷惘。众人身后，露出霍曼得意的脸。

我怎么感觉有个人影闪过？

那个黄成这么厉害，亲手做出的漆器一定很值钱！既然没机会下手抢水晶项链，我先发笔横财再说！

伯伯，你怎么把漆胎放在这里面呀？

漆胎涂了大漆后，必须在密闭无尘，温度为25~30摄氏度，湿度为80%~85%的窖房里，才能干燥成膜。

千年不坏的大漆

重庆属亚热带季风气候，夏热秋凉，潮湿多雾，有利于漆树生长，是全国乃至全世界天然漆产量最大、质量最好的地区之一。

大漆是指从野生漆树上采割下来的一种白色黏性乳液，又名土漆、生漆、中国漆，有"漆中之王"的美誉，滴漆入土，可以千年不坏。

大漆采割后需要经过净化，使其变成干净、细腻的漆液。

净化时用白布包裹原生漆，两头扎紧，固定在绞漆架上，用麻绳缠紧固稳。然后双手握住两侧的转柄，分别反向转动。此时包有漆液的白布包会被绞紧、缩小，迫使白布包里面的漆汁挤流到绞架中央的木盆里，成为过滤后的净生漆。

经过反复绞挤，并更换白布包，就能得到高质量的净生漆。

重庆漆器髹饰技艺

中国是世界上最早制作漆器的国家，其历史可以追溯到新石器时代。目前中国发现的现存年代最久的漆器，距今已有七八千年的历史。

而重庆漆艺历史悠久，商、周时代已经起源，传承至今，其髹饰技艺极富地方特色，独创研磨彩绘、金银粉分光、蛋壳镶嵌等特殊技法，制作而成的重庆漆器光润坚滑，色彩富丽，技艺精湛，是中国四大漆器之一。

其中的研磨彩绘技艺，是重庆漆器的一个标志。在漆胎上彩绘装饰完工后，全面罩漆，待其全部干燥后再经过打磨推光显现出全部花纹，使漆器表层像镜面一样光滑。

世上最美的红与黑

重庆大漆漆器多为红、黑二色，漆液离开漆树母体后依然是"活"的，里面的漆酶与空气中的水分持续发生反应。随着时间的推移，色泽不仅不会变暗，反而更呈现出莹润的质感，温润如玉，因此，大漆被称为"世上最美的红与黑"。

漆器的制作，需要足够的耐心，历经无数次的上漆和反复打磨。

以上漆为例，一件漆器需要上近百道漆，漆层厚度是5至8毫米，而1毫米的厚度就需要髹涂20道漆，一天一般髹涂1至2道漆，然后放入窨房，等表层干了再从窨房取出，髹涂第二层漆液，之后再放入窨房。过一天左右再取出髹涂，如此反复。

如果是8毫米的厚漆，就要涂160道漆，这一道工序，就需要接近半年的时间。

《髹饰录》

　　《髹饰录》是中国唯一存世的古代漆器工艺专著，作者是明代名匠黄成。《髹饰录》诞生于我国装饰漆器的高峰时期，为后人留下了精辟的见解和有益经验。

　　《髹饰录》分乾、坤两集，共十八章，一百八十六条。这套书的价值不可估量，尤其是在《坤集》里，把漆器的分类和各类中的不同品种讲述得非常详细。

第十章

chapter 10

"黑豆子"

痒死了！呜呜，以后没人的时候，我也要管住自己的嘴，绝不嘀嘀咕咕！

哇，这么快就肿成猪头了！

咦？霍曼身上的生漆怎么变成紫红色了？

乳白色的生漆遇到空气会氧化，变成金黄、赤、血红、紫红，最后成为黑褐色。

难道任由这个阴魂不散的浑蛋就这么跑了？

生漆过敏足够他老实几天，那时候你们早就走远了。

清晨，钟坨村村口

我正好要去铜梁送漆器，顺便把小柔安全送回家。

博士租的车也来了，我们现在就出发去永川。

博士，你为什么要带我们去永川啊？

永川以前有"海棠香国"之称，在彼得的日记里有过记载。

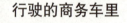

行驶的商务车里

博士，你又放臭屁了！早叫你不要每顿饭都吃到撑才停下来了！

扑哧扑哧

你要是肚子胀气的话，等到了永川可以买点儿豆豉吃。

呃……看样子一定很难吃。

博士这是什么表情？是不是被豆子噎到了？

味道好鲜美！

你是说，这种豆子很好吃？！

长霉的黑豆

明朝崇祯年间，永川城东跳石河边有家小饭馆，由丈夫早已过世的崔氏独自打理。

这天，崔氏刚蒸熟一锅黄豆，门外就传来了喊杀声。原来是张献忠的兵马从这里路过。

崔氏害怕官兵抢人抢豆，情急之下端起锅将黄豆倒进干草堆，再用柴草掩盖，然后仓皇外逃。

逃难的日子持续了半个多月，终于回到小饭馆的崔氏赶紧搬开柴草，却傻了眼。黄灿灿的豆子不见了，眼前只有黑乎乎、长霉发酵的"黑豆子"。

崔氏不舍得扔掉"黑豆子"，就捡起"黑豆子"洗净加盐，装进坛子，想着佐菜下饭用。

117

豆豉

　　第二年开春，崔氏拿出"黑豆子"摆在小饭馆里，供食客免费享用，没想到竟惹得食客争相品尝。一位外地来的木材商人吃后赞不绝口，追问菜品的名字。崔氏看到门外一个门牙掉了的小男孩儿，随口回了句："豆齿"。

　　木材商人听成了"豆豉"，一路走一路宣传。

　　永川豆豉的美名，从此在巴蜀大地上传开了。凡是到永川的各地客商，都必到跳石河吃崔氏店里的豆豉。

　　清朝道光年间，有一个叫杜鼎丰的人开办了鼎丰酱园厂，开创了永川豆豉作为调味品商业生产的历史，永川从此有了"豆豉之乡"的美称。

幽菽

豆豉是经幽闭发酵而成的黄豆制品，是中国传统特色的发酵豆制品调味料。古人们还给它起了一个很文雅的名字——幽菽。

豆豉诞生后很受重视，不仅被古人们用来调味，还拿来入药，这在《本草纲目》《史记》中都有记载。

豆豉富含蛋白质和人体所需氨基酸，香气浓郁，滋味鲜美，可以用于烹饪，也可代菜佐餐，是豆豉鱼、火锅等特色菜肴不可缺少的调味品。

永川豆豉在原料和生产时间的选择上都有严格要求，只有合适的时节，才能孕育出色泽乌亮、味道醇香的豆豉。一般是头年的重阳节投料生产，一直储藏到第二年的中秋节才能拿出来。

看漫画
领专属角色头像

跟着书本去旅行
在阅读中了解华夏文明

01

角色头像
把你喜欢的
角色头像带回家

02

阅读延伸
了解更多
有趣的知识

03

趣味视频
从趣味动画中
漫游中国

还有【阅读打卡】等你体验